U0048146

這是一份愛的禮物
本書所有收入皆捐贈予財團法人罕見疾病基金會
邀請你跟我們一起把愛心送出去

Read for Love

To :
_____

From :
_____

圖・李涵硯

# 侯佩岑
# 為愛朗讀

我時常在想，有什麼是可以留給孩子的，

不是在物質上，而是在人生中，

讓孩子能夠用正面樂觀的態度，去面對世界的各種狀況。

在這本書裡，我想藉由簡單的小故事，和所有的爸爸媽媽一同分享、

並期許讓孩子們在遇到困難時，從這些故事中得到借鏡、

並從中找回最純淨、快樂的自己！

別忘了那些我們曾經熟悉的道理，或許是最簡單，卻也是最深刻的。


接下來讓我們一起進入小故事、大啟示的世界！

# Contents

# Chapter 3
## 踏實

# Chapter 4
## 專心

# Chapter 6
## 勵志

# Chapter 5
## 謙虛

## Chapter 7
### 自信

## Chapter 8
### 勇氣

# Chapter 9
## 分享

# Chapter 10
## 知足

# Nursery Rhyme
## 英文念謠

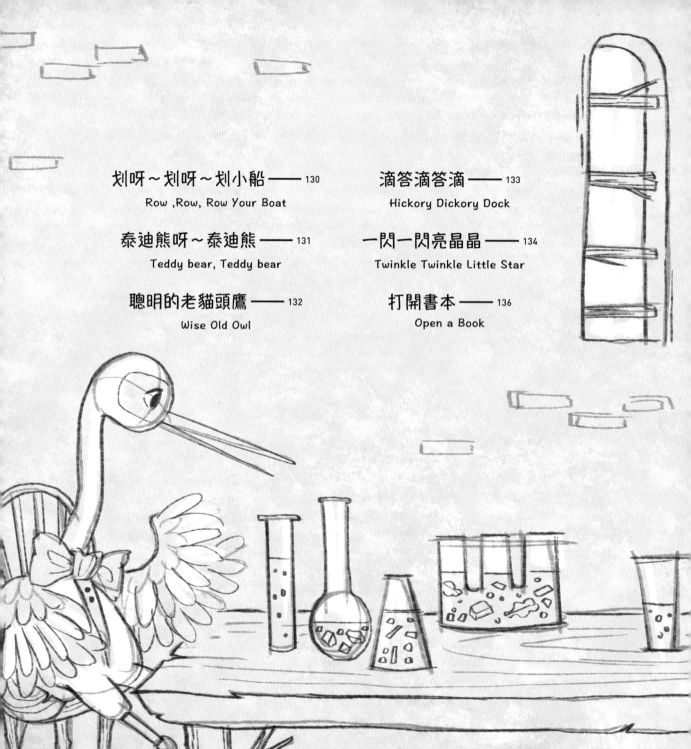

# 誠實

*Honesty*

Chapter 1

# 放羊的孩子

Honesty 1

　　有一個活潑的小男孩，每天都幫爸爸、媽媽看守牧場上的羊。但是因為小羊們只會低頭吃草，小男孩覺得很無聊，於是，他想到一個可以吸引人注意的方法。

　　他跑到鄰居家門前大喊：「狼來了！狼來了！有人能來幫忙嗎？」

　　大家一聽，很擔心野狼會傷害小男孩和羊群，立刻衝去牧場，想要幫忙趕走野狼。結果一到牧場之後發現根本沒有野狼，只有小羊們悠閒地在吃草。

　　小男孩看到大家上當了，覺得很有趣，他開心地「哈哈哈」笑了起來。

　　鄰居們知道自己被騙了，很生氣地對他說：「小朋友，下次不要再這樣騙人了喔！」

　　第二天，小男孩又覺得無聊，再次到鄰居家門前大喊：「狼來了！狼來了！誰能來幫忙嗎？」

　　大家一聽到又立刻趕去牧場，但是，還是沒有發現野狼。

　　小男孩又哈哈大笑，覺得很有趣，而鄰居們知道被騙，只能無奈地回家。

19

到了第三天，牧場上真的出現了一隻大野狼，小男孩非常害怕地跑到鄰居家大喊：「救命啊！狼來了！誰能來幫忙嗎？」

結果鄰居們以為小男孩又在騙人，所以大家繼續做著自己的事，沒有任何人理會他。

　　最後，小男孩只能看著自己牧場上的羊被大野狼給嚇跑，一點辦法也沒有。

### 佩岑的話

　　人無信不立，誠實守信是一種為自己、為他人負責的態度。說謊話或騙人不僅不尊重別人，更會失去別人對你的信任。往往說一個謊，就可能得說更多的謊來掩飾，這樣的惡性循環不僅沒有辦法解決事情，更可能引發可怕的後果，所以一定要記得「誠實至上」。

# 金斧頭與銀斧頭

Honesty 2

　　有一位樵夫在湖邊砍柴，一不小心把他賴以為生的鐵斧頭掉進了水裡。他著急著要跳進湖裡找回斧頭的時候，湖面上突然之間閃閃發光，出現了一位美麗的仙子。

　　仙子告訴樵夫：「我是守護這座湖的仙子，讓我來幫你找一找你的斧頭吧！」

　　仙子從湖裡拿出了一把閃閃發光的金斧頭，她問樵夫說：「這是你的斧頭嗎？」

　　樵夫搖頭說：「這不是我的斧頭！」

　　仙子笑了一笑，再拿出一把銀色的斧頭問樵夫說：「那這把呢？是你的斧頭嗎？」

　　樵夫搖搖頭說：「這也不是我的斧頭。」

最後仙子拿出了一把鐵斧頭問樵夫，樵夫
一看便點點頭說：「就是它！這就是我剛
剛掉的斧頭，謝謝仙子！」
　　仙子覺得樵夫很誠實，所以決定把金
斧頭和銀斧頭一起送給他。

樵夫回家之後，把今天在湖邊發生的事，告訴了他的鄰居。 鄰居很羨慕，於是第二天，鄰居也去了湖邊。他刻意把自己的斧頭往湖裡一丟，果然像樵夫說的，湖面上出現了一位美麗的仙子要幫他找斧頭。

　　仙子一樣從湖裡拿出了一把金光閃閃的斧頭問鄰居說：「這是你掉的斧頭嗎？」鄰居看見立刻開心的說：「是是是！這就是我的斧頭。」

　　仙子知道鄰居是因為貪心而說謊，於是非常失望的消失在湖面上。而這位貪心的鄰居，最後不但沒有得到金斧頭，連自己原本的斧頭也弄丟了！

### 佩岑的話

　　仔細想想，生活中需要的不多，想要的卻很多，貪得無厭的後果很有可能會跟故事中不誠實的鄰居一樣，連原本擁有的斧頭也弄掉了。我們平時就要養成誠信、不說謊的習慣，對不是自己的東西也不要懷抱貪念。

# 體貼

*Thoughtfulness*

Chapter 2

# 北風與太陽

Thoughtfulness 1

　太陽和北風各自認為自己是世界上最厲害、最強的人。

　北風說：「我只要吹一口氣，就能夠把路上行人的帽子吹掉。」

太陽說：「我只要綻放熱力光芒，冰淇淋立刻就會融化。」

最後，北風與太陽決定要進行一場比賽，看看誰能夠讓路上的人把身上的外套脫掉。

急性子的北風忍不住先開始，他卯足了全勁、用力地吹，想要把路人的外套給吹掉。

但是，風實在太大了，路人覺得越來越冷，反而把身上的外套抓得更緊。

北風吹了好久，還是沒辦法讓路人脫下外套。

此時細心的太陽，決定慢慢地散發熱氣，路人們漸漸感覺到熱，紛紛把外套給脫下來了。

**佩岑的話**

有句話是這樣說的：「柔弱勝剛強」，與其用強硬、逼迫的方式，不如用真心、和善去感動別人，用體貼溫和的態度處理事情，說不定會有更好的效果。

# 體貼的白鶴
## Thoughtfulness 2

狐狸與白鶴是好朋友，
有一天狐狸邀請白鶴到家裡
吃飯。

狐狸準備好喝的魚湯放
在淺淺的盤子中，端到白鶴
的面前說：「我做的湯很好
喝喔，你趕快嚐嚐看。」

白鶴很想喝湯，卻一口也沒喝到，因為白鶴長長尖尖的嘴根本沒辦法從扁平的盤子上喝到湯。

而狐狸低著頭「咕嚕、咕嚕」一下子就把自己的湯給喝完了，完全沒有注意到白鶴喝不到湯，而當天晚上白鶴只好餓著肚子回家了。

白鶴心想：我應該要怎麼做才可以讓狐狸體會到我的感受呢？

　　於是有一天，白鶴也邀請了狐狸到他家吃飯，狐狸一進到白鶴的家就發現他的餐桌上都是細細長長的瓶子。狐狸的嘴巴根本沒辦法伸進去吃到東西。

　　此時，狐狸才明白上一次自己完全沒有替白鶴著想，害他餓肚子回家。狐狸立刻真誠的向白鶴道歉：「上次吃飯實在太對不起了！下一次我一定會注意你的需要。」

佩岑的話

粗心的狐狸不夠體貼，只使用了自己習慣的餐具，卻忘了好朋友的需要。我們人與人之間的相處，要能夠將心比心，透過貼心的觀察，可以發現彼此的不同。要學習設身處地的替他人著想，不能只用自己的認知去看世界，有同理心與尊重別人才是真正的體貼。

# 踏實

Grounded

Chapter 3

# 辛勤工作的螞蟻

Grounded 1

炎熱的夏天，螞蟻仍然辛勤的工作，努力準備儲存冬天的食物，蚱蜢卻在高聲唱歌玩樂著。

蚱蜢經過看到螞蟻那麼辛苦的工作，很好奇的問：「螞蟻們，你們為什麼要那麼努力工作呢？天氣這麼好，是不是應該好好玩樂一下呢？！」

螞蟻說：「因為冬天就會沒有東西可以吃了，所以現在夏天我們必須要努力儲存食物啊！」

　　蚱蜢聽到笑著回答說:「現在到冬天還要很久的時間,幹嘛那麼辛苦?」於是他開心的唱著歌,到別的地方去玩耍了。

　　夏天結束了,秋天也過去了,冬天終於到來,冷風呼呼的吹著,花草全部凋謝了。

蚱蜢找不到食物吃，餓得實在沒有力氣。這個時候正好經過了
螞蟻的家，他看到螞蟻正快樂地吃著夏天努力儲存的食物。
蚱蜢大哭地後悔當初自己只顧著玩，沒有努力工作。

而螞蟻聽到了蚱蜢的哭聲，關心的問著：
「蚱蜢先生，你怎麼了？」

蚱蜢很不好意思的說：「我沒有東西吃，實在餓得沒有力氣了。」
螞蟻一聽，大方地說：「趕快來吧！我們儲存了很多的食物，你吃點東西，等到有力氣了，再快樂的唱歌給我們聽好嗎？」

## 佩岑的話

「一分耕耘，一分收穫」，螞蟻因為早在夏天就準備了過冬的糧食，到了冬天才能衣食無缺。凡事預先做好準備，懂得「未雨綢繆」才能有備無患。

驢子過河

Grounded 2

44

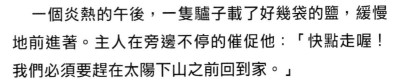

　　一個炎熱的午後，一隻驢子載了好幾袋的鹽，緩慢地前進著。主人在旁邊不停的催促他：「快點走喔！我們必須要趕在太陽下山之前回到家。」

　　但是天氣實在太熱了，驢子走得越來越慢，走著走著，他們來到了一條小河邊。

　　驢子心想：「主人應該會停在這裡喝點水，休息一下吧？」可是主人卻沒有停下腳步，直接拉著驢子過河。

正當驢子走到河中間，因為實在太累了，結果他腳軟跌到了水中。主人看到驢子背上的幾大袋鹽全都泡在水裡融化了，緊張得叫驢子趕快站起來。

驢子站起來之後，驚喜
的發現自己背上的貨物一下
子輕了好多。於是他便暗自竊
喜，決定以後運貨過河，都要用
同一種方法減輕重量。

幾天之後，主人又趕著驢子運貨，這一次主人決定不載鹽，改載棉花，想故技重施的驢子走到了河中間，故意裝作腳軟的樣子，又跌進了水裡。

但是這一次他背上的貨物不但沒有變輕，反而加倍的沉重，因為棉花把水全部都吸附了。

從此之後，驢子再也不敢偷懶，
每一次他都用心運送貨物。

### 佩岑的話

我們做任何事，都要努力腳踏實地的去完成，不要只想著用投機取巧的方式，因為那樣做反而會有反效果，像故事中想要偷懶的驢子這樣弄巧成拙，反而會給自己帶來更多的麻煩。

# 專心

Concentration

Chapter 4

# 貓與狐狸

Concentration 1

　　有一隻貓在森林裡迷了路，牠遇到一隻狐狸，貓親切地跟狐狸説：「狐狸先生，你好，請問你可以帶我回家嗎？我迷路了，走不回農場主人家。」

　　狐狸聽了以後説：「那你先告訴我，你有什麼厲害的本領，我就帶你回家。」

　　貓咪謙虛地說：「我只會一種本領，就是當有人追我的時候，我會爬到高高的樹上躲起來。」

　　狐狸不以為然地說：「躲起來也算是本領嗎？我會的東西可多了。我能輕易地看出獵人設下的陷阱，也可以嚇跑獵犬，總之我會的事太多了，讓我帶你去找回家的路吧！」

　　就在這個時候，獵人帶著獵犬朝牠們走近。貓咪一聽到聲音，迅速地跳到樹上躲了起來。

　　但狐狸卻不知如何是好，貓咪急著大喊：「狐狸先生，快拿出你的本領逃跑呀！」

　　但是已經來不及了，獵犬走向狐狸，快速地將狐狸撲倒。

　　貓咪哀傷地想著：「狐狸先生雖然有一百種本領，但是如果牠能像我一樣，把一個本領練到最好，就不會被獵人抓走了。」

### 佩岑的話

　　「一技在身，勝過百藝上身」，與其什麼都會，但什麼都只懂皮毛，不如專心學好一項技能，以一技之長行遍天下。

# 賣牛奶的小女孩

Concentration 2

　　有一位小女孩，她每天的工作就是要把家裡乳牛擠出來的牛奶拿去市場賣，賣了錢才能給家人買食物來吃。

　　有一天，她將一桶剛擠好的牛奶頂在頭上要走去市場。她一邊走一邊想著：「這桶牛奶賣的錢，至少可以買一百個雞蛋。如果，將這些雞蛋孵出的雞，拿到市場上去賣，那就可以賺更多更多的錢。」

她越想越開心，走路就越來越快，她又想到：「到時候我要用這些錢來買一件洋裝，聖誕節派對的時候，就可以穿上漂亮的衣服。到時候如果有男生來邀我跳舞，我應該會搖搖頭拒絕他們。」

想到了這裡，她不禁搖起了頭，
沒想到，頭上頂著的牛奶因為搖晃得太大力，
全部灑在地上。這下子，小女孩不但買不到洋裝，
連吃飯的錢都沒有了。

### 佩岑的話

做事情要專心一意，即便是一件小事，也會因你的投入程度
而產生不同的影響。故事中賣牛奶的小女孩，因為不切實際、
一心二用，既賺不到錢買洋裝，連牛奶都浪費了。

# 謙虛

Modesty

---

Chapter 5

# 龜兔賽跑

Modesty 1

　　小白兔和小烏龜常常一起玩耍，小白兔的動作快，小烏龜的動作慢，小白兔常會嘲笑小烏龜慢吞吞的，每次都讓他等好久。

　　一個夏天的午後，小白兔突然對小烏龜說：「我們來比賽跑步，輸的要請客喔！」說完他就迅速地往前跑走了。

　　小烏龜看著小白兔已經跑得很遠，但是他還是決定要用盡全力，拚命往前爬。

　　此時，遙遙領先的小白兔心想：「這場
比賽實在太輕鬆了，我先休息一下，反正小烏
龜慢吞吞的，我隨便跑都能贏過他。」在大樹下
休息的小白兔，不小心就睡著了。

　　小烏龜知道自己爬得慢，所以一刻也不敢停，小烏龜
一直爬、一直爬，在他的努力之下，竟然超過了
沉睡的小白兔。雖然小烏龜很累，但他不敢停
下腳步休息，繼續努力地往目標前進。

　　小白兔一覺醒來之後，發現小烏龜早就已經到達終點了！小白兔輸掉了這場比賽，而本來他以為自己贏定了，現在只好乖乖請客。

　　下次小白兔再也不敢大意了。

## 佩岑的話

　　速度很快的小白兔，為什麼會輸掉這場比賽呢？最大的原因就是他太自大了，想想，如果小白兔能夠像平常一樣全力以赴，是不是結果會不一樣呢？

　　我們做人不可以驕傲自滿，不能覺得自己比別人強就不努力，相同的，我們也不可以妄自菲薄或者是自暴自棄，因為「天生我材必有用」，每個人都有無限的可能。

63

# 自大的老鼠

Modesty 2

有一隻名叫路易的小老鼠，有一天，他在樹下撿到了一面神奇的鏡子，無論誰照了，鏡中的自己都會放大許多倍。路易看到鏡子中自己高大強壯的樣子，就自認為是世界上最大的動物。

見多識廣的貓頭鷹告訴路易：「事實上，大象才是這世界上最龐大的動物。」路易聽了很不服氣，決定去找大象，和他一較高下。

65

當他走進森林，看到一隻動物身體像座山，腳像樹幹一樣粗，他大聲地問：「你是大象嗎？」

大象聽到聲音四處張望，卻什麼也沒看見。

路易氣呼呼地跳到大石塊上，大象這個時候才發現他，回答他：「是的，我是大象。」

路易高聲尖叫著說：「我要和你決鬥！」並且用爪子拍打石頭，要展現他的力氣有多大。

但是大象完全不為所動，他盯著路易看了一會兒，接著吸了一鼻子的水，把水噴向路易，路易立刻被巨大的水柱沖了下來，全身濕透，跌坐在地上。

路易這個時候才明白，原來世界上還有許多他所不知道的動物，有的比他高大，有的比他強壯，從此，他不敢再照那面鏡子，也不敢再自以為是了。

佩岑的話

俗話說：「人外有人，天外有天。」人要了解自己的優缺點，並追求進步。世界如此大，還有許多我們不知道的人事物等待我們去探索，千萬不要因為自大與驕傲而失去了認識這個世界的機會，懂得謙虛為懷才能獲得更多的成長。

勵志

Inspiration

Chapter 6

# 團結就是力量
## Inspiration 1

　　很久以前有一位老農夫，他有四個兒子，兒子們常常因為意見不合而吵架，有的時候吵得非常厲害，讓老農夫頭痛不已。

　　老農夫一直想要讓他的兒子能夠和睦相處，並且團結在一起。

　　所以有一天，老農夫把四個兒子叫
到面前，然後給他們一人一根筷子，要
他們折斷。兒子們都笑著說：「這有什麼難
的？」於是輕而易舉地把一根筷子給
折斷了。

接著，老農夫又拿出一把筷子，要四個兒子輪流折斷，可是每一個人用盡多大的力氣都還是折不斷。

　　老農夫這才對他們說：「你們看看，一根筷子勢單力薄，很容易就折斷了，但若是一把筷子，力量集中，就很難折斷。」

於是，四個兄弟終於明白了，
筷子如此，人與人之間更是如此，
如果我們能夠團結在一起，那麼力量
就會更大了。

## 佩岑的話

一個人的能力和力量有限，但是如果可以集合很
多人的能力一起運用，彼此同心協力，互相支援，
就可以變成一股更強大的力量，達到無限可能，這
也就是「團結力量大」的道理。

# 鐵杵磨成針

Inspiration 2

唐朝著名詩人李白小的時候聰明過人，
喜歡玩樂。有一天，李白丟下書本，
偷偷溜出去玩。
走著走著，來到了河邊，
看到一位老婆婆，在一塊大
石頭上磨著一根棍子般
粗的鐵杵。

　　李白覺得很奇怪，走過去問：「老婆婆，您在做什麼呀？」

　　老婆婆說：「我要把這根鐵杵磨成繡花針啊！」

　　李白聽了，非常地驚訝：「這麼粗的鐵棒怎麼可能磨成繡花針呢？」

　　老婆婆笑著說：「為什麼不可能？我只要天天磨，細心地磨，總有一天可以磨成繡花針的。」

李白聽了之後，大受啟發，他領悟到做事一定要有恆心，於是返回了學堂，從此加倍努力學習，成為流傳後世的偉大詩人。

# 佩岑的話

　　有恆為成功之本，想成就一番大事，一定要有恆心。故事中老婆婆的恆心與毅力就是我們要學習的目標，俗話說：「天下無難事，只怕有心人。」只要能下定決心、持之以恆，肯下苦功努力去做，無論多麼困難的事，都是有可能的。

# 烏鴉喝水
Inspiration 3

　　有一隻勤奮的烏鴉在天空飛來飛去，突然覺得口渴，於是到處找水喝。

　　他在一戶人家的後院裡，看到一個裝了半瓶水的瓶子，想要把嘴伸進去喝，但是瓶子實在太深了，他試了半天還是喝不到水。

　　烏鴉想了一想，他先拿起旁邊的石頭，試圖把瓶口敲破。可是他的力氣實在太小了，敲了好久，瓶子還是好好的。

這時候，他看到鋪在後院的小石子路，
他飛了過去，叼起一粒小石子，再
把石子扔到瓶子裡，水馬上就
升高了一點。

於是，他來來回回把小石子扔到瓶子裡，瓶底漸漸堆滿了石子，水位也越升越高。

最後，辛苦又勤奮的烏鴉，終於
喝到了清涼解渴的水。

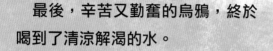

佩岑的話

「有志者，事竟成」，失敗沒關係，
遇到問題，千萬不要隨隨便便就說放棄，
多嘗試幾次，機會就會增加幾次，在過程
中慢慢學習成功的方法，最後一定可以找
到最有效、最正確、又最聰明的解決辦法。
俗話說：「危機就是轉機」，遇到困難就
是獲得成長的機會，別自己先放棄。

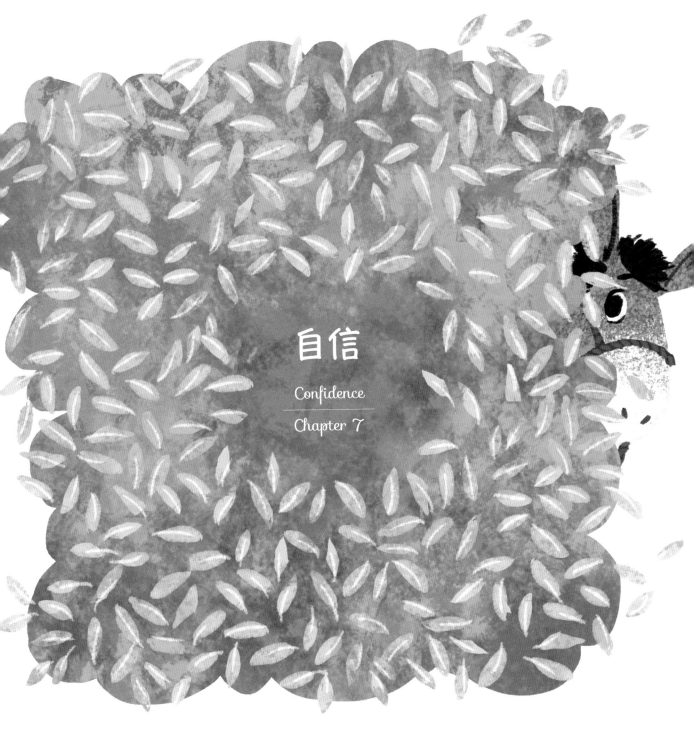

自信

Confidence

Chapter 7

# 父子騎驢

Confidence 1

　　有一對父子一大早就出門，準備去市場賣掉家裡的一頭驢子，好賺取生活費。

　　一開始父子倆牽著驢子慢慢走著，聽到路人在旁邊小聲的說：「怎麼有驢不騎呢？真是一對傻父子。」

　　於是，爸爸牽著驢子，叫兒子騎上驢子。

　　走了一段路，又聽到路人皺起眉頭
說：「大熱天讓父親走路，自己坐在
驢子上，這個兒子真是不孝！」

　　兒子想了想，覺得路人說得沒錯，
「天氣這麼熱，怎麼可以讓父親這麼
辛苦呢？」

　　於是他趕緊下來，換爸爸騎上驢子，
自己牽驢。

又走了沒多久，路人看到這個景象說：
「這個爸爸怎麼這麼不疼愛兒子呢？」

　　父子倆想了一想，乾脆一起騎上驢子。

　　這一騎上去，路人又說話了：「你們兩個人的體重加起來都超過驢子了，怎麼可以這樣子虐待動物呢？」

最後，兩個人決定合力把驢子扛進市場。

結果兩個人還沒走到市場，早就已經沒有體力，而驢子也因為太害怕，掙脫逃走了！最後這對父子不僅沒有賺到錢，還失去了一頭驢子。

## 佩岑的話

當你在做一件事的時候，身邊是不是總會有許多不同的意見呢？如果想清楚、確定自己的做法，就堅持下去吧！訓練自己看事情的角度。若總是配合別人，對別人的意見照單全收，會讓自己無所適從，反而無法把事情做好。

# 披著獅子皮的驢

Confidence 2

　　有一頭膽小的驢子，森林裡他最害怕
的就是狐狸，每次看到狐狸靠近他，總嚇
得全身發抖。

　　有一天，他在森林裡發現一張獅子的皮，
他好奇的披著獅子皮，在森林裡走動，許多
動物以為是獅子來了，嚇得趕緊躲起來。

這時，他看見平時老愛欺負自己的狐狸，也想去嚇嚇他，大搖大擺的走到狐狸面前。

狐狸一看到獅子朝自己走過來，嚇得腿發軟，驢子看到狐狸被自己嚇成這個模樣，很得意的發出了叫聲。

89

　　狐狸聽出那聲音是驢子，不是獅子，
於是他對驢子說：「雖然你披著獅子皮，
但是你終究還是一頭驢子。」

　　驢子被揭穿之後，面紅耳赤的拋下了
獅子皮，躲進森林的深處。

## 佩岑的話

　　披著獅子皮的驢子雖然可以獲得一時的得意，但終
究有被揭穿的一天。我們要認識自己，找出自己的長
處，讓自己成為有自信、有能力的人，便會受人尊重。

# 勇氣

Courage

---

Chapter 8

# 敢說真話的刺蝟

Courage 1

有一天，森林大王獅子召集了所有的動物來草原上開
會，大家都看到他腳掌上有一枚金光閃閃的勳章。

獅子說：「我剛才把一頭比我大五倍的非洲象給打敗了，因此贏得了這枚勳
章。我想把它送給森林中最勇敢的人，你們認為誰有這個資格呢？」

　　猴子一臉笑意，討好的說：「沒有其他動物能打敗非洲象，這枚勳章當然屬於大王您啊！」

　　鸚鵡聽了，也附和的說：「猴子先生說得好，只有大王夠資格！」

　　其他動物也都跟著說：「這枚勳章是屬於大王您的！」

　　獅子看了一看大家，最後盯住一言不發
的刺蝟說：「你怎麼不說話呢？」

　　刺蝟小小聲的說：「獅子大王，我是很尊敬
你的，但是我實在不明白，大王你是怎麼樣把
比你大五倍的
非洲象給打
敗的呢？」

　　獅子聽完刺
蝟說的話，
忍不住
大笑，接
著一步一步
的向刺蝟走
去。

其他動物們心想：「糟糕了！刺蝟惹怒獅子大王了！」
沒想到，獅子恭敬的把金光閃閃的勳章掛到刺蝟的脖子
上，而且嘉許他說：「你才是真正的勇者，在強者
面前也敢說真話，這枚勳章是屬於你的。」

### 佩岑的話

「勇氣」，不是比誰的力量大，也不是
比誰的速度快，而是「敢說真心話、敢做對
的事」。古人說：「勇者無懼」，如果大家對
於正確的事情都能毫無畏懼拿出勇氣去執行，
世界將會充滿正義與和平。

# 小小老鼠幫大忙

Courage 2

　　草原上有一隻強壯的獅子，他天不怕地不怕，非常喜歡睡覺。

　　有一天他在午睡的時候，有一隻小老鼠因為被貓追，東躲西逃，居然不小心跳到了獅子的身上。

　　獅子被吵醒之後，抓住老鼠大吼：
「你竟然敢打擾我睡覺！」

96

小老鼠害怕的說：「對不起，我不小心吵到你，求求你不要生氣，也求求你放過我，如果你放了我，以後我一定會報答你的。」

獅子笑了出來，他說：「你這一隻小老鼠是要拿什麼來報答我呀？沒關係啦，放你走吧！」

過了幾天，獅子因為追趕野兔，一不小心被獵人用繩子做的陷阱困住，他不停的大吼大叫，整個森林都聽得到，可是沒有動物敢去救他。

　　這個時候，老鼠聽到了獅子的哀號聲，跑到陷阱旁對獅子說：「你別擔心，我來幫你！」

　　於是，老鼠張開了他的小嘴巴，用尖尖的牙齒咬斷了繩索，將獅子從陷阱裡救了出來。

經過這次事件，
獅子對小老鼠刮目相看。

佩岑的話

在這個世界上，每個人都有自己的能力與長處，所以不要輕視任何人，包含你自己。個人的力量雖然有限，只要你充滿勇氣與鬥志，即使是小小的力量也可以發揮大大的作用。這個故事同時也提醒我們，行善之家必有後福，因為獅子善待老鼠，在危急時刻老鼠才願意為獅子挺身而出，這就是一個善的循環。

# 分享

Sharing

Chapter 9

# 自討苦吃的白馬

Sharing 1

有一個商人趕著一匹白馬和一匹黑馬進城去做生意，商人特別偏愛白馬，不但把所有的貨物都讓黑馬揹著，連糧草也是讓白馬吃的比黑馬多。

　　經過幾天的趕路，黑馬越來越虛弱，
眼看就要支撐不住，黑馬向白馬求救說：
「白馬先生，你願意幫我分擔一點貨物
嗎？或者是分一點糧草給我？」白馬完全
不理會黑馬，繼續往前走。

過了幾天之後，黑馬又餓又累，終於體力透支，昏了過去。

商人沒有其他辦法，只好把所有的貨物全部移到白馬背上，並加緊趕路。

這時，白馬後悔地喃喃自語：「就是因為我不願意幫黑馬分擔貨物、不願意多分一點糧草給他，害得自己現在要揹著全部的貨物……真是自討苦吃！」

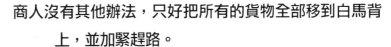

### 佩岑的話

「有福同享，有難同當」，任何人都會有需要幫助的時候，有能力幫助別人是一種福氣，有人能一起分享生活中的喜怒哀樂，更是一件值得珍惜的事。

# 草原上的小白馬
Sharing 2

　　山上有一隻小白馬，有一天他發現了一
處長滿牧草的山坡，看見滿地新鮮的牧草，
小白馬心想：「哇！這可以吃多久
啊！我要好好的享用。」他便
滿心歡喜地吃起了牧草。

過了幾天，有幾隻羊、牛也來
到了山坡，很開心地朝小白馬跑
來，想跟他交朋友，但小白馬擔
心牧草被吃光，很生氣地
把他們趕走。

　　雖然他從此可
以享受一整片山
坡的牧草，但是
卻沒有朋友陪伴，
始終孤零零的。

有一天，山坡上來了一隻野狼，他在山上繞
了好久，尋找獵物，走著走著，突然看見獨自在
山坡上吃草的小白馬，馬上眼睛一亮，敏銳地環顧
四周，確定沒有其他動物之後，便往小白馬的方
向飛奔過去，準備大吃一頓。

小白馬一看到野狼，
因為沒有其他同伴可以
幫忙，只好拔腿就跑。

野狼追不上，最後只好放棄，
但小白馬也因為迷路，再也回
不到長滿牧草的小山坡了。

### 佩岑的話

　　獨樂樂不如眾樂樂，樂於分享不僅可以讓
生活更豐富，也可以從別人身上學到許多自
己缺乏的東西，彼此互相學習、互相成長，
一起成為更好的人。

# 知足

Contentment

---

Chapter 10

# 咬著肉的小黃狗

Contentment 1

　　有一隻小黃狗，走在路上發現地上有一大塊香噴噴的肉，興奮得趕緊叼起那塊肉咬住不放。

　　他心裡想：「真是太好運了，竟然可以得到這麼大一塊肉，我要趕快跑回家躲起來，獨自享用。」

於是小黃狗開心的咬著肉往河邊跑去，只要過
了橋就到家了。

　　可是當他走到橋中間的時候，他往河裡
一看，看到河裡有一隻狗正盯著他，
嘴裡也咬著好大一塊肉。

　　他想：「這隻狗該不會想要搶
我的肉吧？！如果我把他嚇
跑，我就有兩塊肉可以吃，
真是太好了！」

於是小黃狗張開了嘴，奮力的對著河裡大叫：「汪！汪！汪！」沒想到這一張嘴，「撲通」的一聲，肉掉到河裡不見了！

再往河裡一看，原來那隻狗是自己的倒影，小黃狗最後只能懊悔的餓著肚子回家了。

### 佩岑的話

「知足是最大的財富」，不要妄想自己沒有的，要多珍惜自己所擁有的，隨時心存感激，不要因為貪心而得不償失。

# 生金蛋的雞

Contentment 2

在一個安靜的小村子裡，住著一對很窮的老爺爺與老奶奶。

有天早晨，老奶奶在院子裡忽然大聲喊道：「不得了了！我們家的母雞生下一顆金色的蛋！」

老爺爺從家裡跑了出來，驚喜地說：「哇！真的是金色的耶！這下我們發財了。」

老爺爺趕緊把金蛋拿去市場賣了很多錢。

　　接下來的第二天、第三天，母雞都生下了金蛋，原本很窮的老爺爺與老奶奶，開始變得富有。

　　可是，貪心的老爺爺覺得這樣賺錢太慢了，他想擁有更多的金蛋。

於是老爺爺對老奶奶說：「母雞每天都生下一顆金蛋，應該是因為牠的肚子裡有很多金子，我們把牠肚子裡的金子拿出來，不是可以賺更多的錢嗎？」

於是他們兩個人把母雞抓來剖開肚子，想找出肚子裡的金子。
可是找來找去卻什麼都沒有。

老爺爺這時才後悔地說：「如果母雞在，每天還能生一顆金蛋，
現在……什麼都沒有了！」

說完就和老奶奶
兩個人抱在一起大
哭了起來。

佩岑的話

「知足常樂」，只要懂得知恩惜
福，每天就算是粗茶淡飯也可以很
開心，能滿足於自己所擁有的東西，
並好好珍惜，這才是幸福的根本。

英文念謠

Nursery Rhyme

# Humpty Dumpty

Humpty dumpty sat on a wall,
Humpty dumpty had a great fall.
All the king's horses and all the king's men
Couldn't put Humpty together again.

 可憐的蛋頭先生

傻傻的蛋頭坐牆上
傻傻的蛋頭跌一跤
國王派出所有人馬
也無法恢復他原狀

# Rain, Rain, Go away

Rain, rain, go away,
Come again another day.
Little baby wants to play.
Rain, rain, go away.

 雨呀～雨呀～快走開！

雨呀～雨呀～快走開
改天再來吧
小寶貝想出去玩
雨呀～雨呀～快走開

# One, two, three, four, five

One, two, three, four, five,
Once I caught a fish alive.
Six, seven, eight, nine ,ten,
Then I let it go again.
Why did you let it go?
Because it bit my finger so.
Which finger did it bite?
This little finger on the right.

## 一、二、三、四、五

一、二、三、四、五
我曾經捉到一隻魚
六、七、八、九、十
我又把魚放回水中
你為什麼放牠走？
因為牠咬我的手指頭
哪一根手指頭被牠咬？
我右手的小指頭

# 10

# Ten Little Fingers, Ten Little Toes

Ten little fingers, ten little toes,
Two little ears and one little nose.
Two little eyes that shine so bright,
And one little mouth to kiss mother goodnight.

## 十隻手指頭與十隻腳趾頭

十隻手指頭與十隻腳趾頭
兩隻耳朵與一個鼻子
兩隻眼睛閃閃發亮
還有與媽咪親親晚安的一個嘴巴

# Goodnight, Sleep Tight

Goodnight, sleep tight,
Don't let the bedbugs bite.
Wake up bright,
In the morning light.
To do what's right,
With all your might.

 ## 晚安，睡個好覺

晚安，睡個好覺
別被床上的小蟲咬
在早晨的陽光中
有精神的醒來
做好該做的事
全力以赴

# Itsy-Bitsy Spider

The itsy-bitsy spider
Climbed up the water spout.
Down came the rain,
And washed the spider out.
Out came the sun,
And dried up all the rain.
And the itsy-bitsy spider
Climbed up the spout again.

## ♩ 小小蜘蛛

小小蜘蛛
爬呀爬，爬上了水管
忽然下起一場雨
小小蜘蛛被沖下來
太陽出來了
把雨水曬乾了
小小蜘蛛
繼續爬呀爬，爬上了水管

# Row ,Row, Row Your Boat

Row, row, row your boat,
Gently down the stream.
Merrily, merrily, merrily, merrily,
Life is but a dream.

## 𝄞 划呀～划呀～划小船

划呀～划呀～划你的小船
輕輕順著河流而下
快樂呀、快樂呀、快樂呀、快樂呀
人生不過是一場夢

# Teddy bear, Teddy bear

Teddy bear, teddy bear, turn around,
Teddy bear, teddy bear, touch the ground,
Teddy bear, teddy bear, reach up high,
Teddy bear, teddy bear, touch the sky,
Teddy bear, teddy bear, turn out the lights,
Teddy bear, teddy bear, say good night.

 泰迪熊呀～泰迪熊

泰迪熊呀～泰迪熊，轉圈圈
泰迪熊呀～泰迪熊，碰碰地
泰迪熊呀～泰迪熊，跳高高
泰迪熊呀～泰迪熊，關燈囉
泰迪熊呀～泰迪熊，說晚安

# Wise Old Owl

A wise old owl sat in an oak,
The more he heard, the less he spoke;
The less he spoke, the more he heard;
Why aren't we all like that wise old bird?

## 𝄢 聰明的老貓頭鷹

一隻聰明的老貓頭鷹坐在橡樹上
他聽得越多，說得越少
他說得越少，就聽得越多
為什麼我們不能都成為這隻聰明的老鳥呢？

# Hickory Dickory Dock

Hickory, dickory, dock.
The mouse ran up the clock.
The clock struck one,
The mouse ran down,
Hickory, dickory, dock.

## ♩ 滴答滴答滴

滴答滴答滴
滴答滴答滴
老鼠爬上鐘
時鐘敲一下
老鼠爬下鐘
滴答滴答滴

# Twinkle Twinkle Little Star

Twinkle, twinkle, little star,
How I wonder what you are!
Up above the world so high.
Like a diamond in the sky.

Twinkle, twinkle little star,
How I wonder what you are!

When the blazing sun is gone,
When he nothing shines upon,
Then you show your little light,
Twinkle, twinkle, all the night.

Twinkle, twinkle, little star,
How I wonder what you are!

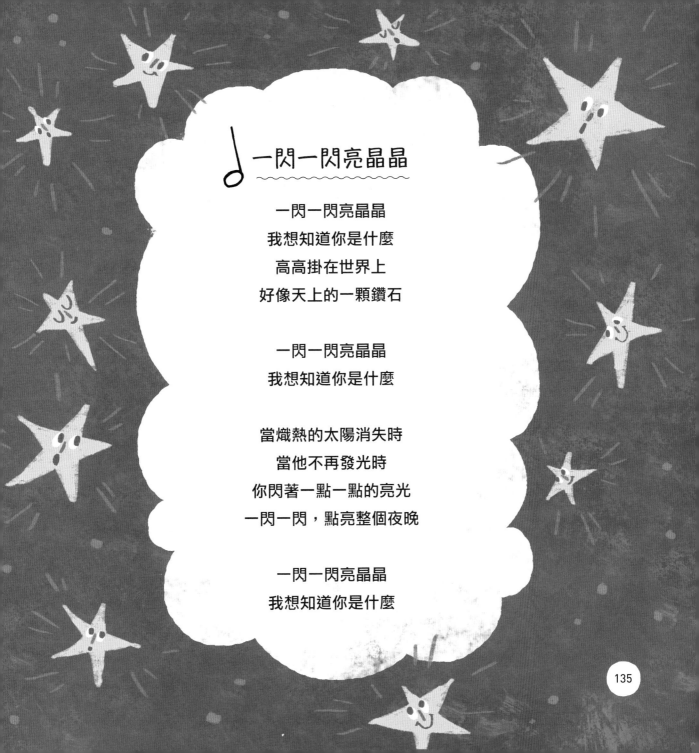

# ♩一閃一閃亮晶晶

一閃一閃亮晶晶
我想知道你是什麼
高高掛在世界上
好像天上的一顆鑽石

一閃一閃亮晶晶
我想知道你是什麼

當熾熱的太陽消失時
當他不再發光時
你閃著一點一點的亮光
一閃一閃，點亮整個夜晚

一閃一閃亮晶晶
我想知道你是什麼

# Open a Book

Open a book
And you will find,
People and places of every kind.

Open a book
And you can be,
Anything that you want to be.

Open a book
And you can share,
Wondrous worlds you find in there.

Open a book
And I will too.
You read to me,
And I'll read to you.

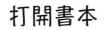 打開書本

打開書本
你會認識形形色色的人物與風景

打開書本
你可以變成任何你想成為的對象

打開書本
你可以分享你所發現的奇妙世界

打開書本
我會這麼做
你念書給我聽
我也念書給你聽

# 侯佩岑為愛朗讀

## 21篇培養好品格的繪本故事書 ＋ 佩岑原音朗讀CD

| | |
|---|---|
| 作者 | 侯佩岑 |
| 封面插畫 | 李涵硯 |
| 內頁插畫 | 李涵硯 |
| 攝影 | 蘇益良 |
| 化妝 | 妝苑工作室　沈妙玲 |
| 髮型 | Sunny Huang （Flux Réel） |
| 服裝造型 | Mia |
| 美術、封面設計 | 李涵硯 |
| 內頁、書盒設計 | 季曉彤 |
| 配樂後製 | GTXS 擎天信使音樂製作有限公司 |
| 經紀公司 | 福隆製作有限公司 |
| 責任編輯 | 施穎芳 |
| 責任企劃 | 塗幸儀 |
| 總編輯 | 周湘琦 |
| 發行人 | 趙政岷 |
| 出版者 | 時報文化出版企業股份有限公司 |
| | 10803 台北市和平西路三段 240 號七樓 |
| 發行專線 | （02）2306-6842 |
| 讀者服務專線 | 0800-231-705 |
| | （02）2304-7103 |
| 讀者服務傳真 | （02）2304-6858 |
| 郵撥 | 1934-4724 時報文化出版公司 |
| 信箱 | 台北郵政 79 ～ 99 信箱 |

| | |
|---|---|
| 時報悅讀網 | www.readingtimes.com.tw |
| 電子郵件信箱 | books@readingtimes.com.tw |
| 時報風格線粉絲團 | www.facebook.com/bookstyle2014 |
| 法律顧問 | 理律法律事務所　陳長文律師、李念祖律師 |
| 印刷 | 詠豐印刷有限公司 |
| 初版一刷 | 2017 年 12 月 8 日 |
| 初版三刷 | 2018 年 4 月 3 日 |
| 定價 | 新台幣 480 元 |

特別感謝～

| | |
|---|---|
| 封面服裝 | CEPHAS |
| 內頁服裝 | RUBINO |
| 飾品 | Alexis Bittar、Les Nereides |

為愛朗讀 / 侯佩岑作 . -- 初版 . -- 臺北市：時報文化 , 2017.12
　　面；　公分
ISBN 978-957-13-6626-5〔平裝附光碟片〕

1. 親職教育 2. 說故事

528.2　　　　　　　　　　105006719

# 童話王國比利時品牌
# 啟發寶貝五感

商品符合歐盟EN71，
美國ASTM規範通過歐洲產品品質認證CE標章，
讓寶貝在使用過程中，讓媽咪好放心。

**The farm 公雞遊戲吊飾**

適用年齡：3個月以上
闔上尺寸：10×34×25cm

**The fairy tales 小紅帽變身手偶**

適用年齡：9個月以上
尺寸：33×4×28 cm

**The fairy tales 三隻小豬遊戲組**

適用年齡：9個月以上
尺寸：32×18×15 cm

**The farm 小兔乖乖睡布書**

適用年齡：9個月以上
尺寸：布書闔上：約24×27 cm
布書展開：約48×27 cm

**Safari 保齡球組**

適用年齡：6個月以上
單個尺寸：11×8×20 cm

| 台灣全省服務據點 | NICE TO MEET U 概念店 | (02)2765-1308 | 台北市信義區永吉路30巷151弄2號 |
| 洽詢專線 | 新光三越南西店 | (02)2581-5085 | 台北市南京西路12號6樓 |
| | 美麗新廣場 | (02)7718-8360 | 台北市中山區北安路780號2F |
| | 新光台中中港店 | (04)2252-3049 | 台中市中港路二段111號6F |
| | 夢時代購物中心 | (06)208-9645 | 台南市東區中華東路一段366號4F |

CiPU
全家人都愛的喜舖包

f CiPU 喜舖

🐘 Otto2藝術美學

# Otto小象 製作步驟

## A 小象身體(鼻子、耳朵、尾巴)製作

**身體：**
搓圓壓扁，用尺切3刀。

**鼻子：**
搓長水滴狀，用尺切2刀。

**耳朵：**
搓橢圓壓扁約5公分，用尺切2刀。

**尾巴：**
搓小水滴，用尺在圓處切1刀。

## B 皇冠製作

● 將黏土混色

　黃　黃　黃　　藍　　綠

● 皇冠：
搓圓壓扁，用尺切2刀。

● 紅色搓3個小圓，黏上皇冠上。

## C 愛心製作

● 搓胖水滴，輕輕壓扁，用刀子切1，捏成心型。

## D 組裝及細節

● 眼睛用黑色黏土搓小圓黏上身體。
● 黃色黏土搓2小圓壓扁黏上。

爸爸媽媽與
寶貝一起完成 ♥

完成囉!!

Read for Love

Read for Love

Read for Love